DER RHEINAUHAFEN KÖLN
EINE CHRONIK IN BILDERN

Claudia Kroth

Der Rheinauhafen Köln

Eine Chronik in Bildern

J.P. Bachem Verlag

Einbandabbildungen:
Vorne: Stadtansicht mit Bayenturm und Werthchen.
Kupferstich, um 1825
Rückseite: Die zukünftige Rheinfront.
Computersimulation von BRT Architekten

Die Deutsche Bibliothek – CIP-Einheitsaufnahme
Kroth, Claudia:
Rheinauhafen Köln / Claudia Kroth. - 1. Aufl. - Köln: Bachem, 2001
ISBN 3-7616-1466-7

1. Auflage 2001

Umschlaggestaltung:
Claudia Kroth
Innenteil:
Reprowerkstatt Wargalla, Hans Schlimbach AGD, Köln
Druck:
Druckerei J.P. Bachem GmbH & Co. KG Köln
Printed in Germany
ISBN 3-7616-1466-7

INHALT

VORWORT

Seit Jahrhunderten sind Köln und die Schifffahrt eng verbunden. Der Rhein war für die Hansestadt Köln die Lebensader und der Verbindungsweg zu den großen Handelsplätzen vom Niederrhein bis nach Brügge und London. So zeigen die zahlreichen Ansichten der Stadt Köln vom Rheinufer aus, mit dem geschäftigen Treiben am Ufer und den eng aneinander liegenden Schiffen, nicht nur ein aus heutiger Sicht malerisches Ambiente, sie sind gleichzeitig Beleg für die Bedeutung der Stadt als Umschlagplatz für Waren aller Art. Als Hafen galt jahrhundertelang der Anlegeplatz vor der Frankenwerft, bis im Jahr 1898 der Rheinauhafen eingeweiht wurde, umgeben von einer Reihe von Bauwerken, in denen die Geschäfte am Hafen abgewickelt wurden: Lagerhäuser, Hauptzollamt, Zollrevisionshalle, Zollhalle, Stellwerk, Maschinenhalle, Drehbrücke und Krafthaus; die bürokratischen und technischen Abläufe des Handels finden sich wieder in architektonischer Form.

Seither ist der Rheinauhafen auch für Fotografen ein Thema gewesen, spiegelt sich in ihren Bildern die über hundertjährige Geschichte des Hafens wider. Die Schnelllebigkeit unserer Zeit ist an ihnen ablesbar. In hundert Jahren entwickelte sich dieses Areal vom Warenumschlagplatz zum Jachthafen, die Gebäude werden museal, sind heute Schokoladenmuseum bzw. Sport- und Olympiamuseum, weitere Strukturveränderungen sind längst in Planung.

Auch die Fotografie von Claudia Kroth ist Ausdruck dieses Wandels. Die historischen Fotografien verstanden sich als Dokumente, als Zeugnisse städtischen Lebens. Claudia Kroth bedient sich zwar der Sprache dokumentarischer Fotografie, jedoch ist es das zeitgenössische, von formaler Ästhetik beherrschte Dokumentieren, das sich zwar des subjektiven Blicks enthält und auf dramatisierende Blicke und Positionen verzichtet, jedoch gerade mit Hilfe dieser strengen Zurückhaltung ästhetische Standards setzt. So betont diese Fotografie die Ordnung der Dinge und ihre Strukturen in zurückhaltender Farbigkeit. Man würde sie wohl eher sachlich als dokumentarisch nennen und ihren Urvater in Albert Renger-Patzsch sehen, der sich von den Dingen faszinieren ließ und eine Fotografie entwickelte, die ihre eigene Ästhetik am reinsten erstrahlen ließ. Es sind die Dinge, das Abgebildete, die auch in Claudia Kroths Fotografien vom Rheinauhafen die Bilder beherrschen, doch vermögen sie dies nur, indem die Fotografin die Kunst der Ausgewogenheit beherrscht und die Sprache der Bilder nicht gegen die Aura der Dinge ausspielt.

Reinhold Mißelbeck

HISTORISCHER ÜBERBLICK

Die Römerzeit

Seit der Gründung Kölns durch den römischen Feldherrn Agrippa (40–38 oder 20–18 v. Chr.) war die Lage am Rhein von zentraler Bedeutung für die Menschen und die Entwicklung der Stadt. Als Schnittpunkt wichtiger Verkehrs- und Handelswege hatte die Nutzung des Stroms eine Verteiler- und Schutzfunktion und brachte durch Schifffahrt und Handel Wohlstand für die Stadt mit sich. Für die Römer bildete der Fluß lange Zeit zugleich ein natürliches Bollwerk gegen die auf dem rechten Rheinufer siedelnden germanischen Stämme. Die römische Stadt (Colonia Claudia Ara Agrippinensium) wurde von einer stark befestigten Mauer umschlossen, deren östliche Seite sich (vom heutigen Köln ausgehend) hinter der Kirche St. Maria im Kapitol, dem Rathaus und dem Römisch-Germanischen Museum erstreckte.

Unmittelbar vor der römischen Kolonie lag damals noch eine schmale, langgestreckte Insel im Rhein. An der Südostecke der damaligen Stadtmauer befand sich eine Einbuchtung des Stroms, die die Römer als natürlichen Hafen für ihre Flotte nutzten. Am nordöstlichen Ende entstand an dem sich abzweigenden Rheinarm zwischen Ufer und Insel später ein Hafen. Das gesamte Hafengebiet lag im Überflutungsbereich des Rheins, während die Stadt selbst einige Meter höher gebaut worden war. Um 310 n. Chr. errichtete Kaiser Konstantin auf der rechten Flussseite das Kastell Deutz (»Divitia«) und die erste feste Brücke über den Rhein – eine Holzbrücke, die von steinernen Pfeilern und in den Fluss gerammten Pfahlrosten getragen wurde. Nach der Versandung des Rheinarms (die schon im 1. Jahrhundert begann), entstand auf der der Stadt vorgelagerten Insel die Rheinvorstadt. Heumarkt, Alter Markt und die Kirche Groß St. Martin befinden sich also auf dem Gebiet der damaligen Rheininsel.

Köln unter fränkischer Herrschaft

Mit dem Ende der römischen Herrschaft und der Inbesitznahme der Stadt durch den Frankenkönig Chlodwig (507) konnte die Stadt Colonia ihren Stand als Königs- und Herrschaftssitz im merowingischen Frankenreich noch eine Weile aufrecht erhalten. Doch der Schwerpunkt des Frankenreichs verlagerte sich nach Westen, das römische Köln verfiel auch unter den Karolingern zunehmend. Besonders die Bruderkämpfe innerhalb des karolingischen Herrscherhauses hinterließen in Köln ihre Spuren. Zu Krieg, Bedrohung und den Zerstörungen durch die Normanneneinfälle kamen Hungersnöte und Seuchen.

Der Wiederaufbau der Stadt Ende des 9. Jahrhunderts führte auch zur Wiederbelebung des Handels. Im 10. Jahrhundert wurde Lothringen an das entstehende Deutsche Reich angegliedert; Handel und Gewerbe waren auf günstige Verkehrswege angewiesen. Der Rheinarm, der die vorgelagerte schmale Insel zur Römerzeit von der Stadt trennte, war längst versandet. Das Rheinvorland wurde aufgeschüttet und durch Pfahlbauten gesichert. Am Ufer entwickelte sich im Laufe der Zeit eine Kaufmannsvorstadt, die schon vor 900 als wichtigster Teil in die Stadt miteinbezogen wurde. Köln war wieder an den Handel aus Süd und Nord angeschlossen. Auf Leinpfaden treidelten Pferdegespanne die Schiffe rheinaufwärts. Langsam entwickelte sich ein bedeutender Handels- und Marktverkehr.

Köln unter der Regierung der Erzbischöfe

Schon seit dem 3. Jahrhundert hatte das Christentum in Köln Wurzeln geschlagen. Um 800 wurde die Stadt von Karl dem Großen zum Erzbistum erhoben, 953 übertrug Otto I. seinem Bruder Brun auch die weltliche Herrschaft über Köln. Damit lagen die Geschicke der Stadt bis ins 14. Jahrhundert in den Händen der Erzbischöfe. Ihnen unterstanden die Gerichtsbarkeit, das Markt- und Befestigungsrecht, die Münzhoheit, die Rheinzölle und die Markteinnahmen. Erzbischof Brun I. war eine herausragende Gestalt der Stadtgeschichte. Er stärkte die religiöse Gemeinschaft, gründete Kirchen wie St. Pantaleon und Groß St. Martin und gab wichtige Anstöße für die wirtschaftliche Entwicklung.

Die Stadtmauer an der Rheinfront war inzwischen ganz und gar auf den Handel zugeschnitten; dort standen feste und bewegliche Kräne, die die anlegenden Schiffe be- und entluden. 1106 und 1180 wurde die Stadt noch zwei mal erweitert, 1180 eine gewaltige Schutzmauer mit Graben um die Stadt errichtet, die bis ins 19. Jahrhundert erhalten blieb.

Seit dem 13. Jahrhundert gehörte Köln zum entstehenden Städtebund der Hanse, seit Ende des 12. Jahrhunderts waren die Kölner Kaufleute Handelspartner der Engländer, in deren Londoner Niederlassung des Hansebundes sie mit eigenen geschworenen

Sachverwaltern vertreten waren. 1259 erteilte der Erzbischof Konrad von Hochstaden den Kölnern das Stapelrecht, das 1355 von Kaiser Karl IV. bestätigt wurde: Alle Schiffe, die von Norden oder Süden her den Kölner Hafen erreichten, mussten hier ausladen und ihre Waren auf bestimmten Stapelplätzen drei Tage zum Verkauf auslegen. Erst danach durften die nicht verkauften Waren wieder geladen und weiterbefördert werden.

Die Bürger regieren die Stadt

Ende des 13. Jahrhunderts entwickelte sich in Köln eine immer selbstbewusster werdende Oberschicht des Bürgertums. Nach langem Ringen mit ihren Bischöfen (Konrad, Engelbert, Siegried, Wikbold) erreichte sie durch den Sieg in der Schlacht von Worringen 1288 die faktische Unabhängigkeit von der Herrschaft der Erzbischöfe. Jetzt waren es die Patrizierfamilien, die das Stadtregiment innehatten. Daneben gab es die Kaufleute und Handwerker, die in Zünften und Gaffeln (der Organisation der Kaufleute) organisiert waren. Sie gewannen zunehmend an Einfluss und erhoben sich im Jahr 1396 gegen die Herrschaft der Patrizier. Mit ihrem Sieg wurde im gleichen Jahr eine neue städtische Verfassung, der »Verbundbrief«, verkündet, der für vierhundert Jahre Gültigkeit haben sollte. Die Bürgerschaft wurde in 22 gewerblich/politische Genossenschaften eingeteilt. Der Rat bestand aus 49 Mitgliedern, von denen 36 von den Ämtern und 13 von den Ratsherren aus der Bürgerschaft gewählt wurden. Zwei Rentmeister verwalteten den Haushalt der Stadt. Nach außen wurde Köln von zwei Bürgermeistern vertreten, die für ein Jahr vom Rat gewählt wurden.

1475 verlieh Kaiser Friedrich III. Köln das Reichsstadtprivileg und gestand der Bürgerschaft das Recht auf Prägung eigener Münzen zu. Köln war nun »reichsunmittelbar« (»allein Uns und dem Reich unmittelbar zugehörig«, formulierte es der Kaiser in seiner Rede 1475 zum Dank für die Hilfe der Kölner im so genannten Neusser Krieg). Damit waren die Ansprüche der Erzbischöfe auf Herrschaft über die Stadt endgültig beendet.

Anton Woensams 1531 angefertigtes Kölner Stadtpanorama zeigt eine wohlhabende Stadt mit zahlreichen Kirchen, Klöstern und einer eindrucksvollen Stadtbefestigung. Das Ufer ist zum Anlegen der Schiffe befestigt und überall herrscht ein geschäftiges Treiben.

Die Folgen des Dreißigjährigen Kriegs

Der Dreißigjährige Krieg (1618–1648) hatte Kaiser und Reich geschwächt, womit sich auch die politische und wirtschaftliche Situation der Reichsstadt Köln verschlechterte. Der Rheinhandel wurde mit einem Übermaß an Zöllen und Steuern belastet. Mit den politischen Entwicklungen infolge des Dreißigjährigen Krieges und Änderungen der Handelslinien setzte auch das Ende des mächtigen Hansebundes, in dem Köln über lange Zeit eine wichtige Rolle gespielt hatte, ein. Der Kölner Hafen wurde in der Folgezeit seltener angelaufen. Hinzu kam ein moralischer Verfall der städtischen Institutionen, der in Korruption, Amtsmissbrauch und Unterschlagung gipfelte.

Im 18. Jahrhundert verlor die Stadt zunehmend an Glanz und Ansehen. Die Zünfte hielten an ihrer veralteten Ordnung fest, technische Neuentwicklungen wurden nicht zugelassen. Der Katholizismus erstarrte zu einer intoleranten Kölner »Staatsreligion«. Zeitgenössische Berichte von Reisenden bezeichneten »Cöln« als erzkatholisch, finster, schmutzig und abscheulich.

Köln unter französischer Herrschaft

Am 6. Oktober 1794 besetzten französische Truppen die Stadt, das war das Ende »Freien Reichsstadt«. In fast allen Bereichen begann ein neues Zeitalter für Köln, das schrittweise dem französischen Staatsgebiet angegliedert wurde. 1798 wurde nach französischem Vorbild eine neue Stadtverfassung erlassen und eine neue Stadtverwaltung aufgebaut. Der Bürgermeister erhielt eine besondere Machtbefugnis; ihm zur Seite standen zwei Beigeordnete. Der 30-köpfige Gemeinderat hatte nur noch eine beratende Funktion. Die neue Verwaltung gliederte sich in die Bereiche Sekretariat, Polizei, Steuern, Finanz- und Rechnungswesen, Zivilstand, öffentliche Arbeiten, Unterstützungswesen sowie öffentlicher Unterricht und Handel, Schifffahrt und Gewerbe. Auf dem Rathaus wurden von Standesbeamten von nun an Heirat, Geburt und Tod beurkundet. 1802 trat der »Code Civil« (die französische Gesetzgebung) in Kraft, der bis zur Einführung des Bürgerlichen Gesetzbuches 1900, in einigen Teilen sogar bis 1969 gültiges Recht blieb.

Kaiser Napoleon I. bestätigte Köln das Stapelrecht und genehmigte der Stadt die Einrichtung eines Freihafens am Rheinufer, wo alle eingeführten Waren zollfrei gelagert werden durften. 1805 wurde der Hafen eingeweiht, er erstreckte sich von der Markmannsgasse bis zur Mühlengasse und war mit Mauern und Toren vom Stadtgebiet abgetrennt. Wirtschaftlich erlangte er jedoch in den ersten Jahren noch keine Bedeutung.

1811 begann Köln, einen Sicherheitshafen anzulegen, dessen Notwendigkeit bereits im Winter 1783/84 erkannt worden war, als ein schwerer Eisgang auf dem Rhein verheerende Schäden für die Schifffahrt angerichtet hatte. Napoleon unterstützte den Bau mit 300 000 Franken. Doch die Arbeiten gerieten ins Stocken, erst unter preußischer Regierung wurde die Anlage am Thürmchen schließlich fertiggestellt. Die Einfahrt des Sicherheitshafens befand sich an der Bastei, das Hafenbecken lag an der Stelle des heutigen Theodor-Heuss-Rings und reichte bis zum Ebertplatz. Die Einfahrt zum Hafenbecken war nur acht Meter breit, über sie führte eine Drehbrücke hinweg, über die auch später die Eisenbahn zum Bahnhof »Rheinstation« fuhr.

Das preußische Köln

Auf dem Wiener Kongress wurden die Rheinlande 1815 Preußen zugesprochen. Im »Besitzergreifungspatent« von 1815 sicherte Friedrich Wilhelm III. den Rheinländern eine Verfassung, eine gerechte Verwaltung sowie geringe Steuern und Militärlasten zu. Vor allem verdankt Köln dem preußischen Staat die Erneuerung des Bildungswesens. In den folgenden Jahren wurden Volksschulen, Gymnasien und die Höhere Bürgerschule, die für die Ausbildung von Kaufleuten und Gewerbetreibenden sorgte, eingerichtet.

Seit dem Verfall der römischen Konstantinbrücke hatte man den Verkehr zur rechtsrheinischen Seite über Jahrhunderte hinweg durch Fährboote betrieben. 1822 wurde nun eine Schiffsbrücke, eine auf Pontons ruhende, schwimmende Brücke, errichtet. Zu ihrer Sicherung legte man in Deutz einen Brückenhafen an.

Mit der beginnenden Industrialisierung entwickelte sich die Rheindampfschifffahrt, die den Personen- und Gütertransport auf dem Fluß revolutionierte. König Friedrich III. fuhr anlässlich seines Besuches in Köln 1825 mit einem der ersten Dampfschiffe rheinaufwärts nach Koblenz. Mehrere deutsche und holländische Dampfschifffahrtsgesellschaften entstanden in dieser Zeit: 1826 wurde die »Preußisch-Rheinische-Dampfschiffahrts-Gesellschaft« gegründet, 1836 folgte in Düsseldorf die »Dampfschiffahrtsgesellschaft für den Nieder- und Mittelrhein«, 1853 die Betriebsgemeinschaft der »Rhein-Dampfschiffahrt, Kölnische und Düsseldorfer Gesellschaft«, später als »Köln-Düsseldorfer« bezeichnet. Die kürzeren Fahrten der Dampfschiffe erstreckten sich von Köln nach Düsseldorf, von Köln nach Neuss und von Köln nach Koblenz. Die großen Routen reichten von Köln nach Mainz und von Köln nach Dortrecht.

In Köln setzte die Industrialisierung erst nach 1850 ein. Fabriken entstanden, und die Massenfabrikation ersetzte die Einzelanfertigung. Trotz des Verlustes des Stapelrechts 1830 kam es zu einem Aufschwung in der Schiffahrt. Der Freihafen hatte sich im Laufe der Jahre inzwischen gut entwickelt; vor dem Turmchor von Groß St. Martin in der Nähe des Stapelhauses (1558–1568 erbaut) war das städtische Lagerhaus Ahren entstanden. Das Werftgelände vor den Toren der Stadt war erhöht worden und 1838 wurde ein eiserner Handkran in Betrieb genommen.

Doch es zeigte sich, dass die Kölner ihre Hafenanlagen nicht dem technischen Fortschritt angepasst hatten. Bei der Fertigstellung des 1811 begonnenen Sicherheitshafens war bereits deutlich, dass die Anlage nicht mehr den inzwischen veränderten Schifffahrtsverhältnissen entsprach und somit in der geplanten Weise nicht nutzbar war. Ab 1840 machte sich die Stadt Gedanken um den Bau eines neuen Hafens.

Das »Werthchen«

Der Rhein hatte sich seit der Römerzeit verändert und war inzwischen breiter und seichter geworden. Bereits im Mittelalter war durch das Mäandern des Stroms auf der Höhe zwischen Bayenturm bis St. Maria Lyskirchen eine kleine Insel vor der Stadt entstanden, die bei den Kölner einfach nur das »Werthchen« hieß und keinen eigenen Namen hatte. »Werth« ist ein alter Ausdruck für Flussinsel, wie man ihn noch heute in Namen wie Nonnenwerth oder Grafenwerth finden kann. Im 13. Jahrhundert hatte dieses Inselchen als Hinrichtungsstätte für die Katharer gedient. Das berühmte Woensam-Prospekt aus dem Jahr 1531 zeigt, wie auf dem Werthchen Boote gebaut, schwimmende Reusen von Fischern an Land gezogen und Kühe geweidet werden.

Anfang des 19. Jahrhunderts hatte man auf dem Werthchen einen kleinen Park angelegt, der über eine Brücke zu erreichen war. Pro Person mussten ein paar Pfennige Brückengeld bezahlt werden, und Aufseher achteten darauf, dass das Badeverbot eingehalten wurde und die Natur unangetastet blieb. Nach wie vor wurde der Leinpfad zum Schleppen der Kähne benutzt und wahrscheinlich befand sich auch noch eine kleine Schiffswerft auf der Insel. 1850 fertigte der Maler Tillmann Wattler ein Aquarell der Insel an, auf dem acht Schiffe und vier Pferde zu erkennen sind. Es ist anzunehmen, dass es sich dabei um Treidelpferde handelt. Das Ufer des Werthchens war damals noch nicht befestigt, die Uferstraße selbst bestand aus einem schmalen Weg.

Um 1849 beschloss die Stadt, am Werthchen einen neuen Hafen zu bauen. An ihrem Südende wurde die Insel durch Aufschüttung mit dem Ufer verbunden. Um das so entstandene Hafenbecken zu verbreitern, grub man die Insel an der Uferseite ab und schüttete den Aushub an der Flussseite wieder an. Befestigt wurde das Hafenbecken mit senkrechten Werftmauern. Die preußische Regierung nahm diesen Ausbau zum Anlass, auch die Fortifikationsanlagen zu ergänzen und zog die Befestigungsmauer nun vom Bayenturm aus auf dem Werthchen entlang bis zum Hafeneingang. Dort, an der Spitze der Halbinsel, wurde der Malakoffturm errichtet. Hier verband eine Drehbrücke die Insel mit dem Ufer. Am inneren Ende des Hafenbeckens entstand ein Schleusenwerk, das dem Wasseraustausch im Hafenbecken diente.

Dies war der eigentliche Beginn des Rheinau-Hafens. Die Hälfte der Insel blieb als Erholungsgelände bestehen, genannt die »Rheinau-Anlage«.

Bis 1855 veränderte sich die Rheinfront sehr; die Hotels »Hof von Holland«, »Hotel de Cologne« und das »Hotel Royal« neben St. Maria Lyskirchen entstanden, am Ufer vor ihnen befand sich das Fahrkartenhäuschen der Dampfschiffe »Expedition« und unterhalb der Schiffsbrücke befand sich die Anlegerbrücke für die Dampfschiffe aus Holland.

Der Beginn des Eisenbahnzeitalters im ersten Drittel des 19. Jahrhunderts stellte für die Schifffahrt eine ernste Konkurrenz dar. Die Eisenbahnen waren private Unternehmen, sie hießen »Köln-Mindener Eisenbahn«, »Bergisch-Märkische Gesellschaft« usw. 1839 wurde das erste Teilstück der Bahnlinie Köln–Aachen – vom Türmchenswall nach Müngersdorf – eröffnet, 1840 folgte die Strecke Köln-Lövenich. 1851–1856 entstand die Bahnhofsanlage »Rheinstation« und 1854–1859 die erste feste Rheinbrücke seit der

Römerzeit, die »Muusfall« genannte Dombrücke, die auch von der Eisenbahn befahren werden konnte. 1855 wurde die rheinseitige Stadtmauer abgerissen.

Köln im Deutschen Reich

Auch in Köln bejubelten die Bürger 1871 die Gründung des »Deutschen Reichs«. Das letzte Drittel des Jahrhunderts war durch tiefgreifende Veränderungen für die Stadt gekennzeichnet – Köln wurde zu einer modernen, urbanen Industriestadt, deren Einwohnerzahl sich innerhalb von hundert Jahren um das Zehnfache vergrößert hatte (1890 waren es 156 000 Menschen). In der Nähe des Gereonstors wurde 1881 die erste Bresche in die mittelalterliche Stadtmauer geschlagen, die in den folgenden Jahren ganz niedergelegt wurde.

Ab 1879 beschäftigte sich die Verwaltung mit einer Neugestaltung der inzwischen verstaatlichten Eisenbahnen (Anlagen von Anschlüssen für die Bahn und Gleistrassen) und der Stadterweiterung (Anlage der »Neustadt« auf dem Gelände des bisherigen Festungsrings). In diesem Zusammenhang tauchte auch die Hafenfrage wieder auf. Ein Komitee stellte der Stadt drei Varianten eines neuen Hafens vor: eine im Norden, eine zweite im Süden, eine dritte in der Mitte vor der Altstadt. Man entschied sich für diejenige im Süden, den Platz des 1850–1855 angelegten Rheinau-Hafenbeckens.

1891 genehmigte die Stadt 14,3 Millionen Mark für den Ausbau des kleinen Hafens und den Bau der Rheinuferstraße. Mit einer festlichen Grundsteinlegung im Juli 1892 begannen die Arbeiten.

Auf der rechten Rheinseite waren in den vergangenen Jahren ebenfalls neue Hafenanlagen entstanden. Eine in Mülheim, die von der dort ansässigen Industrie benutzt wurde; eine weitere in Deutz, wo die kleine, dem Ort vorgelagerte Insel »Schnellert« 1880 zum Deutzer Hafen umgebaut worden war. 1890 war der alte Sicherheitshafen am Thürmchen, »nasser Graben« genannt, zugeschüttet worden, da die Einfahrt in das Hafenbecken im rechten Winkel erfolgen mußte und dies war wegen der starken Strömung sehr schwierig.

Die Rheinauhalbinsel wurde neu gestaltet. Teile, die vorher das Werthchen gebildet hatten, wurden weggebaggert und somit die Wasserfläche des Hafenbeckens vergrößert. Die so neu entstandene lange Rheinauhalbinsel mit 75 Metern Breite und 720 Metern Länge wurde an der Stromseite mit Werftmauern eingefaßt. Die Wände des Hafenbeckens verblendete man mit Basalt. Die Einfahrt zum Hafen wurde so verlegt, dass der Malakoffturm auf das stadtseitige Ufer wechselte. Die Drehbrücke, mit Wasserhydraulik betrieben, schwenkte ab ca. 1896 über die Hafeneinfahrt zur Spitze der Halbinsel. Der Kai zum Hafenbecken hin wurde als Rheinauwerft bezeichnet, der stromseitige Kai als Hansawerft.

In der Mitte der Insel führte eine Straße entlang. Auf der Seite zum Hafenbecken hin blieb ausreichend Platz für Speditionsschuppen, an der Stromseite wurden Lagerhäuser von bis zu zwanzig Metern Breite errichtet. Die Rheinauwerft wurde mit zwei Gleisen und die Hansawerft mit drei Gleisen für die Eisenbahn erschlossen. Im Nordosten der Halbinsel erstreckte sich nun der 150 Meter lange Zollhafen. An der Spitze stand das Hauptsteueramt (später das Hauptzollamt) mit seinem kleinen Dienstgebäude. Drei große Zollhallen – I, II, III – schlossen sich in südlicher Richtung an. Dieser Bereich des Hafens bildete den Zollhafen und den fiskalischen Zollhof. Durch einen Zaun war er vom übrigen Hafen getrennt. Am Ende des Hafenbeckens wurden das Hafenamt, das Krafthaus und der Lokomotivschuppen errichtet. Im Krafthaus erzeugten Pumpen das Druckwasser der hydraulischen Anlagen für das gesamte Hafengelände.

Auf dem übrigen Gelände entstanden Lagerhallen und Schiffswerften für verschiedene privatwirtschaftliche Gesellschaften. Auf den Kais wurden hydraulische Kräne errichtet und die Lagerhäuser erhielten hydraulische Aufzüge und Getreideelevatoren. Der Uferbereich südlich des Bayenturms wurde ausgebaut und verbessert. Hinzu kam der Bau des Übergabebahnhofs am Bayenturm, der das Ende diese Bauabschnitts bildete. Stromoberhalb des Hafenbeckens wurde ein Rangierbahnhof errichtet.

1889 war der neue Hafen fertiggestellt und als »Rheinauhafen« dem Verkehr freigegeben. Die feierliche Einweihung fand am 14. Mai statt. Um 1909 entstand auf der Agrippawerft ein neuer Speicherbau, das so genannte »Siebengebirge« mit seinen Zwerchhausgiebeln. Das Lagergebäude 11 (ehemals II) erhielt 1912 ebenfalls Walmdachaufbauten mit Spitzhelmgauben (Stadtbaumeister Hans Verbeek 1873–1954). Auch der Platz vor der Drehbrücke wurde 1911 durch die Plastik des »Tauziehers« von Nikolaus Friedrich neu gestaltet.

Mit dem Bau des Rheinauhafens wurde das Flussufer um 150 Meter in den Strom hinein verlegt. Dies machte eine Erweiterung des rechtsrheinischen Flussbettes notwendig. Ein Teil der ausgebaggerten Erde der Stromsohle wurde zum Ausbau des Rangierbahnhofs oberhalb des neuen Hafenbeckens verwendet. Mit dem anderen Teil begann man die Erweiterung des Deutzer Hafens, der ausschließlich als Industrie- und Massenguthafen bereitgestellt werden sollte.

Anfang des 20. Jahrhunderts war Köln durch seine beiden modernen Häfen Rheinau und Deutz in der Schiffahrt und im Handel wieder mit anderen Hafenstädten am Rhein wettbewerbsfähig.

Erster Weltkrieg und Weimarer Republik

Als am 14. August 1914 der Erste Weltkrieg ausbrach, erfasste die Kölner nationalistische Begeisterung, die sich jedoch angesichts der harten Realität des Krieges schon bald wieder legte. Im November 1918 endeten Krieg und das Kaiserreich, die Republik wurde ausgerufen. Britische Truppen marschierten in Köln ein und hielten die Stadt bis 1926 besetzt. Auf die Wirtschaft wirkte sich die Besatzungszeit katastrophal aus. Die Jahre nach dem Ersten Weltkrieg waren durch Hunger und Inflation gekennzeichnet, die Arbeitslosigkeit stieg erschreckend an. Aus den ersten Wahlen – bei denen zum ersten Mal in der Geschichte auch Frauen wählen und gewählt werden konnten – gingen in Köln 1919 Zentrum und SPD als Sieger hervor. Trotz der schwierigen Nachkriegssituation wurden in dieser Zeit weitreichende Entscheidungen für Köln getroffen. Konrad Adenauer, seit 1917 Oberbürgermeister der Stadt, setzte sich für die Wiedergründung der Universität ein, 1919 und 1920 wurde mit der Schleifung der Festungsanlagen begonnen.

Im Rheinauhafen war der Handel auch während des Krieges nicht unterbrochen worden. Nach dem Krieg wurden die mit Dampf betriebenen Maschinen abgebaut und die Krananlagen auf Elektrizität umgestellt. 1922 begann der Bau des Niehler Hafens. Denn bereits seit längerer Zeit zeichnete sich ab, dass die Häfen Mülheim, Deutz und Rheinau den Anforderungen durch den steigenden Massengutverkehr und die sich ändernden Transportentwicklungen nicht mehr gewachsen waren, durch ihre Lage jedoch auch nicht mehr in entsprechendem Maße ausbaufähig waren.

1915 war bereits die zweite Straßenbrücke über den Rhein, die Deutzer Hängebrücke, fertiggestellt worden, 1929 folgte die Mülheimer Hängebrücke. Die »Muusfall« war inzwischen durch die Hohenzollernbrücke ersetzt worden; die alte Schiffsbrücke, die erste Brücke über den Rhein, war längst verschwunden.

Seit der Jahrhundertwende hatte der Aufschwung der Motorschiffe die Segler auf dem Rhein verdrängt. Schon 1911 waren beim deutschen Motorjachtverband 331 Motorjachten und 27 Dampfjachten in Köln eingetragen, und auf dem Rhein wurden im Sommer mit ungefähr 30 Sportbooten Rennen gefahren. In dieser Zeit entstand der Düsseldorfer Jachthafen, Köln errichtete erst in den 1930er-Jahren in Rodenkirchen einen Sporthafen.

Nationalsozialismus und Zweiter Weltkrieg

Nach der Kommunalwahl am 12. März 1933 hatten die Nationalsozialisten auch in Köln endgültig die Macht ergriffen, Oberbürgermeister Adenauer wurde für abgesetzt erklärt und alle wichtigen Positionen im politischen, kommunalen und wirtschaftlichen Bereich mit Parteimitgliedern besetzt. Köln wurde zur Hauptstadt des Gaus Köln-Aachen. Die Luftangriffe, die während des Zweiten Weltkriegs auf die Stadt geflogen wurden, hatten verheerende Folgen: Die Stadt verwandelte sich in eine Trümmerlandschaft, die Zahl der Obdachlosen stieg in die Hunderttausende. Am Ende des Kriegs bestanden neunzig Prozent der Innenstadt nur noch aus Ruinen. Im März 1945 marschierten die Amerikaner ein und noch im gleichen Jahr übernahmen die Briten die Militärregierung. Die Versorgung der Bevölkerung, die Enttrümmerung und eine notdürftige Wiederherstellung der Infrastruktur gehörten zu den vorrangigsten Problemen der unmittelbaren Nachkriegsmonate.

Auch die Schifffahrt war bei Kriegsende praktisch völlig zum Erliegen gekommen, denn die Trümmer der zerstörten Brücken und der gesunkenen Schiffe machten den Verkehr auf dem Wasser vorerst unmöglich.

Der Wiederaufbau

In den fünfziger und sechziger Jahren erlebte die Kölner Wirtschaft wieder einen deutlichen Aufschwung, das »Wirtschaftswunder« hatte eingesetzt. Der Rheinauhafen war im Unterschied zur Stadt durch die Luftangriffe nur wenig beschädigt worden. Malakoffturm, Drehbrücke, der »Tauzieher«, Hafenamt und Speicherbau nebst Krafthaus und Lokomotivschuppen blieben verschont, während der Bayenturm und viele Lagerhallen durch Bomben in Brand geraten waren.

Nach dem Wiederaufbau der Kölner Häfen geriet das Umschlagen von Massengut in den Vordergrund des Handels. Die neuen, größeren Häfen in Niehl und Godorf für die Petrochemie, die Fordwerke und das Bayerwerk in Leverkusen drängten den Deutzer, den Mülheimer sowie den Rheinauhafen in den Hintergrund. Der Rheinauhafen wurde zum reinen Stückguthafen.

1956–1959 wurde die Severinsbrücke gebaut, die den optischen Zusammenhang des Hafens zerriss.

Mit dem Ausbau des Niehler Hafens im Jahre 1956 begannen die ersten Überlegungen zur Umgestaltung des Rheinauhafens. Die »Weiße Flotte«, die bisher noch dort gelegen hatte, war in den Niehler Hafen umquartiert worden. In Köln kam die Diskussion auf, einen eigenen Sporthafen in der Stadt zu errichten. Nachdem der Rat der Stadt einen Teil des Rheinauhafens für die Sportschifffahrt freigegeben hatte, wurde 1969 die Interessengemeinschaft Rheinau-Sporthafen Köln e.V. gegründet und alle Motor- und Segelbootsport-Clubs im Raum zur Mitarbeit aufgefordert. 1971 konnte der Club den Nutzungsvertrag für circa 10 000 qm Wasserfläche des Hafens abschließen. Der restliche Teil blieb weiterhin in Betrieb. Noch im Jahr 1999 wurden 14 000 Tonnen Getreide und Futtermittel umgeschlagen.

1986 wurde die »Häfen Köln GmbH« gegründet, die 1992 in die »Häfen und Güterverkehr Köln AG« (HGK) überging, und alle Hafenanlagen der Stadt dieser Gesellschaft übereignet. Das Hafenkonzept der Stadt von 1980 sieht vor, den Rheinauhafen in seiner Funktion als Hafen aufzulösen, da seine Kapazitäten der neuesten Technik nicht mehr standhalten. Im Jahr 2002 laufen die letzten Mietverträge aus.

Über hundert Jahre nach der Eröffnung beginnt sich das Gesicht des Rheinauhafens zu verändern. Schon Anfang der 1990er-Jahre wurde das Schokoladenmuseum auf der Spitze der Halbinsel gebaut und das alte Zollamtsgebäude in den modernen Bau integriert. In Zollhalle I befindet sich heute das Deutsche Sport- und Olympiamuseum.

Im Jahre 1992 wurde ein städtebaulicher Ideenwettbewerb für die Hafenanlage durchgeführt. Preisträger war der Hamburger

Architekt Hadi Teherani, dessen städte- und hochbauliches Planungskonzept nach einem beschränkten Realisierungswettbewerb 1999 mehrfach überprüft und überarbeitet wurde. Das gesamte, circa zwei Kilometer lange und maximal 200 Meter breite Areal des Rheinauhafens wird künftig die Funktionen Gewerbe, Wohnen und Kultur aufnehmen. Zwischen Severinsbrücke und dem Hafenamt entstehen drei »Kranhäuser« mit großen Gebäudebrücken, die dem Rheinauhafen ein weithin sichtbares »Rückrat« verleihen und das Panorama der Stadt maßgeblich prägen werden.

Seit mehr als zweitausend Jahren nehmen die Bürger am Hafengeschehen teil. Mit der Stilllegung und der völligen Umgestaltung des Rheinauhafens geht auch ein Stück Heimat der Kölner verloren, denn die Geschichte des Hafens ist eng mit der Historie der Stadt verbunden. Doch jeder Anbruch einer neuen Epoche ist mit Veränderungen verbunden. Das vorliegende Buch will ein Stück Erinnerung an die Geschichte des Hafens lebendig erhalten.

DER RHEINAUHAFEN
IN HISTORISCHEN ABBILDUNGEN

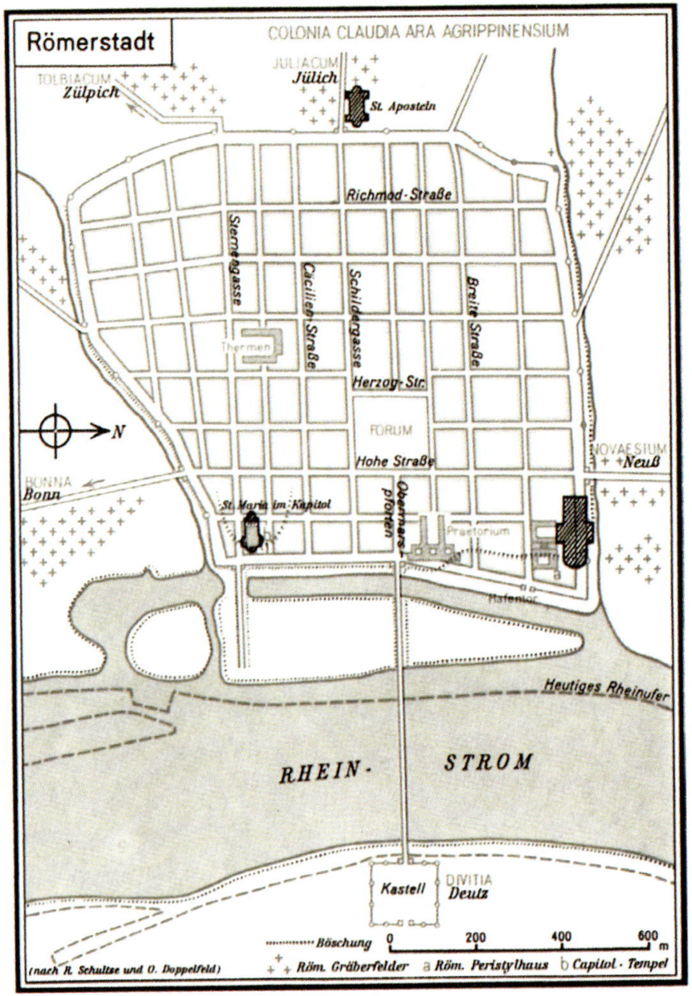

Köln zur Zeit der Römer
Das Flussbett des Rheins verlief damals noch weiter westlich, auf der Halbinsel vor der Stadt hatten die Römer einen Hafen errichtet.

»Divitia« – das Kastell Deutz, um 310 n. Chr.
Rekonstruktion der ehemaligen römischen Festung »Castrum divitium«; rechts die von den Römern errichtete Konstantinischen Brücke, mit der zum ersten Mal das Kölner mit dem Deutzer Ufer verbunden wurde.

Darstellung eines Steuermanns aus der Römerzeit
Das Steinrelief wurde in der Baugrube der Philharmonie gefunden und gehörte wahrscheinlich zu einem Grabdenkmal.

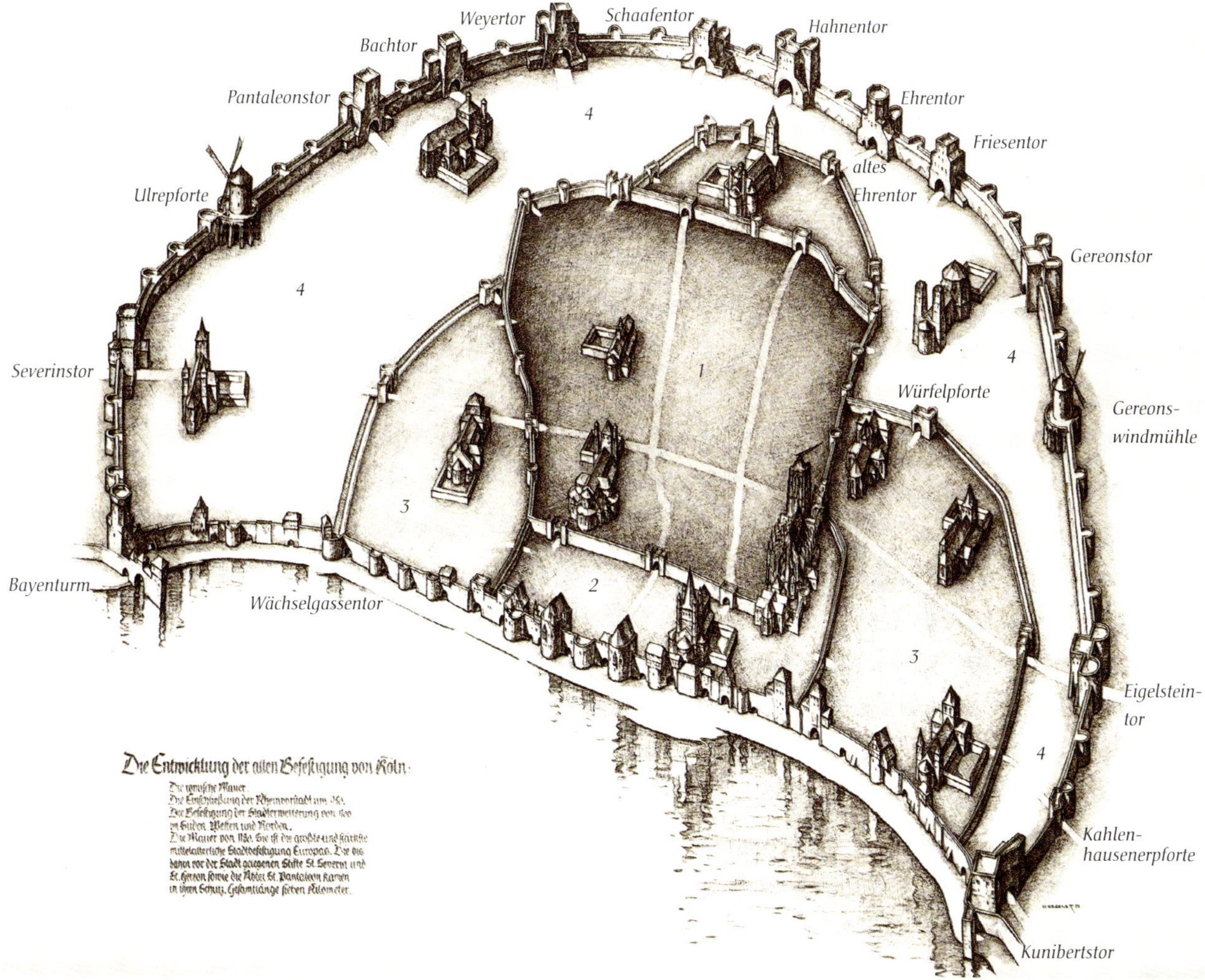

Die Stadtbefestigungen Kölns

1. Römermauer *2.* Einschließung der Rheinvorstadt um 950 *3.* Stadterweiterung von 1106
4. Befestigte Stadtmauer von 1180

Bayenturm mit Ansicht der Stadt Köln

Die Zeichnung von *Augustin Braun* aus der Zeit um 1610 zeigt die Übertragung der Reliquien der Heiligen Drei Könige nach Köln im Jahr 1164.

Die Rheinfront mit der mittelalterliche Stadtmauer

Meister der Kleinen Passion: »Das Martyrium der Hl. Ursula vor der Stadt Köln«, um 1411

Von der Karthäuserkirche bis zum kleinen Witschgassentor
Detail aus der Stadtansicht von *Anton Woensam*, 1531

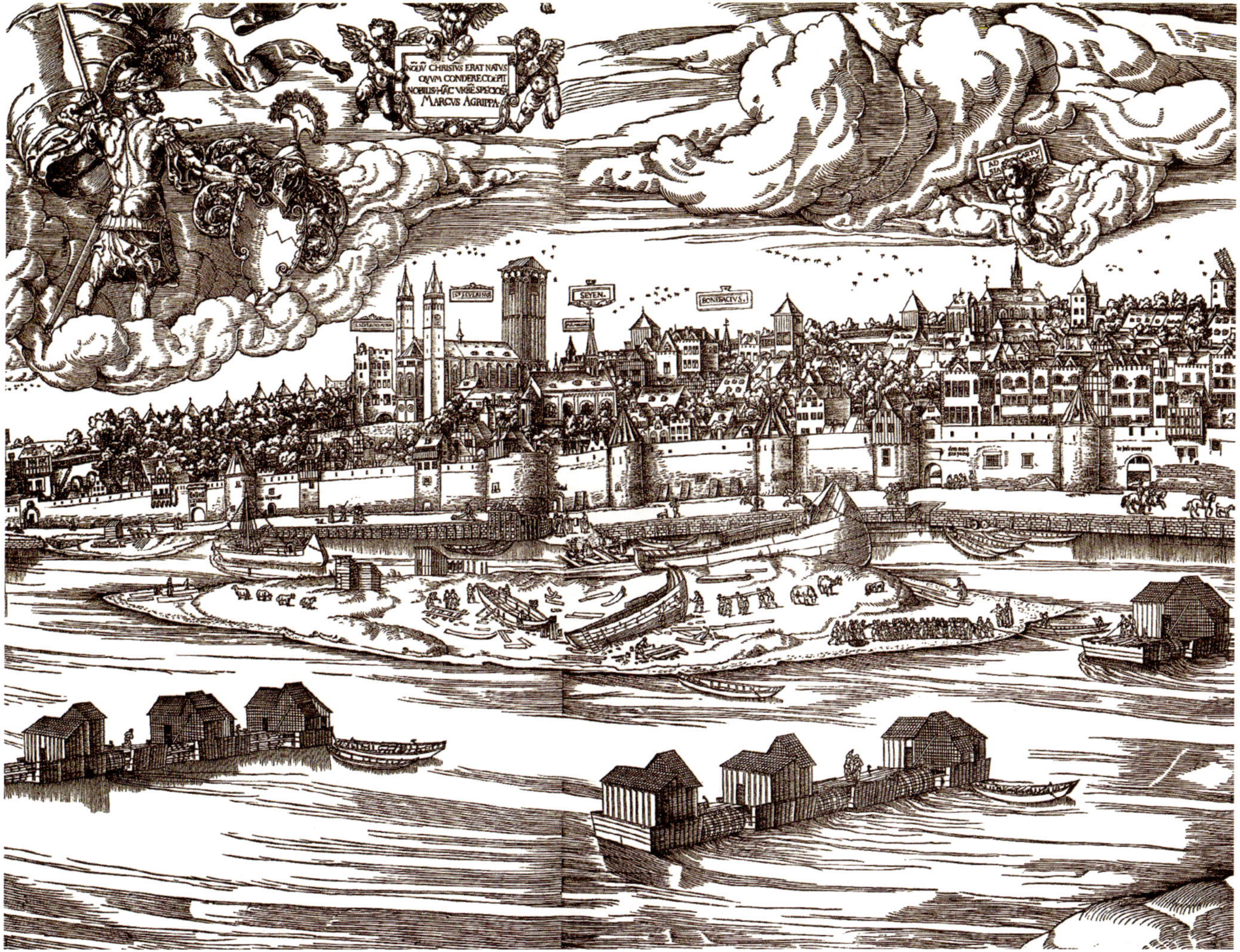

Vom Severinstor bis zum Holzmarkt, vor der Stadt das Werthchen
Ausschnitt aus dem Stadtpanorama von *Anton Woensam von Worms*, Holzschnitt 1531

Bayenturm

Federzeichnung von *J. Finkenbaum*, um 1670

Der Rhein zwischen Köln, Deutz und Mülheim während des großen Eisgangs, Februar 1784
Nach einem Kupferstich von *L. Moser*

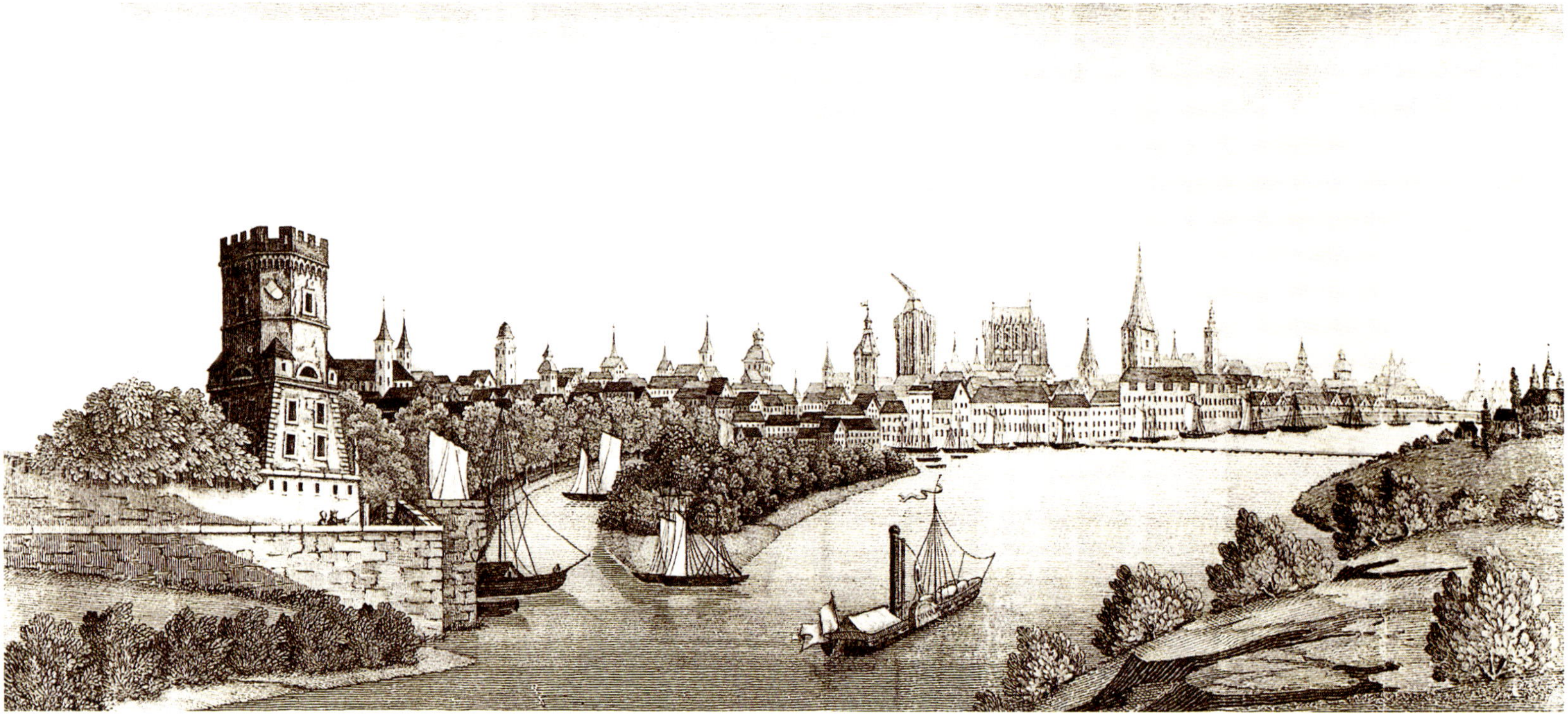

Stadtansicht mit Bayenturm und Werthchen,
auf dem zu Beginn des 19. Jahrhunderts ein kleiner Park angelegt worden war.
Kupferstich, um 1825

Ansicht der Stadt Köln
Stahlstich, um 1840

Das Rheinufer von St. Kunibert aus Richtung Süden
Gemälde von *William Leighton Leitch*, um 1840

Die Rheinfront am Leystapel/Thurnmarkt mit dem »Hotel de Holland«
Adresskarte nach einem Stich, um 1850

Getränkeliste des Rheinau-Pavillons auf dem Werthchen, um 1840

Das Werthchen und die Holzwerft
Aquarell von *Tillmann Wattler*, 1850

Das zu einer Hafenanlage ausgebaute Werthchen
mit dem neu errichteten Malakoffturm, Drehbrücke und Befestigungsmauer
Aquarell von *Tillmann Wattler*, 1860

Blick vom Bayenturm auf den Rheinauhafen, um 1870
Fotograf unbekannt

Frankenwerft südlich der Eisenbahnbrücke, 1884
Fotografie von *J. H. Schoenscheidt*

Rheingassenrampe und Mündung des späteren Rheinauhafens vor dem Ausbau, 1884
Im Vordergrund die Rheingassenrampe mit der Anlegestelle für die Ausflugsdampfer
Fotografie von *R. Dohmen*

Mechtildisrampe am Rheinauhafen, 1884
Fotografie von *J. H. Schoenscheidt*

Deutzer Schiffsbrücke, um 1880
Bei der Durchfahrt von Schiffen mussten die Pontons der 1822 erbauten Brücke eingeholt werden.
1915 wurde sie von einer Hängebrücke an derselben Stelle abgelöst. *Fotograf unbekannt*

Eisgang im Rheinauhafen
Zeitungsdruck, um 1890

Schiffsanlegestelle, Werft und Hafenanlagen nördlich des Rheinauhafens, um 1890
Fotograf unbekannt

Die erste Eisenbahnbrücke über den Rhein, die Dombrücke (»Muusfall«)
Brückenauffahrt mit Mauthäuschen, um 1894
Fotograf unbekannt

Rheinauhafen mit Werthchen, 1895
Aquarell von *B. Bermbach*

Der Rheinauhafen im Bau – die Krananlage vor Zollhalle I, um 1896
Fotograf unbekannt

Die Frankenwerft in der Hafengasse, um 1898
Vor dem Bau der Rheinstraße und des Rheinauhafens reihten sich am preußischen Zollhaus und am Lagerhaus »Ahren« die Lagerschuppen aneinander. Hier wurde be- und entladen.
Fotograf unbekannt

Die Drehbrücke über der Hafeneinfahrt vor dem Hauptzollamt, 1898
Fotograf unbekannt

Blick vom Malokoffturm auf den Rheinauhafen, vor 1898
Im Hafenbecken liegen noch Flöße, der Bau des Hafens ist noch nicht abgeschlossen.
Fotografie von *R. Dohmen*

Das Hafenamt, 1898
Fotografie von *R. Dohmen*

Die Einweihung des Rheinauhafens, 14. Mai 1898
Fotografie von *R. Dohmen*

Kleines Dienstgebäude am Zollamt, um 1898
Fotograf unbekannt

Das Hauptzollamt auf der Rheinauhalbinsel, 1898
Fotograf unbekannt

Maschinenhalle im Krafthaus, 1898
Elektromotoren trieben hier Pumpen zur Erzeugung des Druckwassers an, mit dem die Druckwasserkräne betrieben wurden. Durch unterirdisch verlegte Rohre entlang der Kais wurde das Wasser dann mit Ventilen und beweglichen Leitungen zu den Kranportalen geleitet. Fotografie von *Th. Schönscheidt*

Das Krafthaus, 1898
Fotografie von *R. Dohmen*

Stellwerksgebäude III am Ubierring, 1898
Fotografie von *R. Dohmen*

Blick von Süden auf Zollhalle I mit Ladebühne, um 1900
Fotografie von *Th. Schönscheidt*

Mündung des Rheinauhafens
mit Malakoffturm und Hauptzollamt sowie Zollhalle I, um 1900
Fotografie von *Th. Schönscheidt*

Mündung des Rheinauhafens vom Leystapel aus, um 1900
Fotograf unbekannt

Zollhalle II, um 1900
Fotografie von *R. Dohmen*

Blick von Norden auf den Zollhafen mit Zollhalle II, um 1900
Fotografie von *Th. Schönscheidt*

Zollhalle II, Erdgeschoss des Lagerhauses, um 1900
Fotografie von *Th. Schönscheidt*

Holztransport auf dem Rhein, um 1900
Das Floß bestand aus 3 000 Tannenstämmen und war 220 Meter lang und 63 Meter breit.
Fotograf unbekannt

Rheinufer bei Marienburg

Fahrkartenausgabe und Wartehalle der »Rheinischen Dampfschiffahrt Kölnische und Düsseldorfer Gesellschaft«
sowie Trinkhalle und Bedürfnisanstalt, um 1910

Fotograf unbekannt

Schiffsmarkt auf einem Apfelschiff, 1910
Seit dem 16. Jahrhundert wurde in Köln Marktschiffahrt betrieben, die viele Orte am Rhein untereinander verband.
Aus dem Vorgebirge kamen Obst und Gemüse, aus dem Bergischen Land Obst, Holz und Vieh.
Fotograf unbekannt

Die Lagergebäude der Agrippawerft,
von den Kölnern das »Siebengebirge« genannt, um 1910. Architekt: Hans Verbeek
Fotograf unbekannt

Lastkähne am Deutzer Ufer bei Eisgang, 1900
Mächtige Schollen trieben auf dem Rhein und bedeuteten Gefahr für die Schiffe, Häfen und Brücken.
Fotograf unbekannt

Portalkräne auf der neuen Rheinau-Werft, 1910
Fotografie von *August Sander*

Bau der Deutzer Hängebrücke bei Eisgang auf dem Rhein, 1914
Blick von Westen auf die Baustelle
Fotograf unbekannt

An der Holzwerft, um 1910
Fotograf unbekannt

Vor der Agrippawerft, um 1930
Fotograf unbekannt

Blick von der Drehbrücke aus, um 1924
Auf den Kaimauern mit Druckwasser und elektrisch betriebene Kräne,
links hinter den Zollhallen das Lagerhaus der Rhein- und Seeschiffahrts-Gesellschaft Neptun.
Fotografie von *C. Scholz*

Blick vom Hafenamt nach Norden, um 1924
Im Hafenbecken liegen Passagier- und Frachtdampfer.
Fotografie von *C. Scholz*

Ankunft der Petersglocke im Rheinauhafen, 1924
Der 24 Tonnen schwere »dicke Pitter« für den Kölner Dom war die berühmteste Fracht des Herkules.
Fotograf unbekannt

Rheinauhafen mit Blick auf den Malakoffturm und das Zollamt, um 1925
Fotografie von *August Sander*

Kran im Rheinauhafen, um 1930
Die Gleise der Kranbahn verlaufen auf zwei Ebenen: ein Gleis an der Kaimauer, das andere auf den Schuppen aufgesetzt. *Fotograf unbekannt*

Der Herkules, um 1956
1898 wurde der »Herkules« genannte, um 360 Grad drehbare Schwerlastkran im Rheinauhafen aufgestellt und mit einem Betonfundament verankert. Sechs Arbeiter bedienten den Kran, der über Handkurbeln und spezielle Getriebe Lasten bis zu 30 Tonnen heben konnte – im »Handbetrieb«. Später wurden Elektromotoren eingebaut. In den 1980er-Jahren unter Denkmalschutz gestellt, wurde er 1996 restauriert. *Fotograf unbekannt*

Der Bayenturm, 1930
Fotografie von *August Sander*

Warenumschlag am Rheinkai, 1930
Fotografie von *August Sander*

Partie an den Lagerhäusern, 1938
Fotografie von *August Sander*

Winterhafen, 1938
Fotografie von *August Sander*

Der Hafen mit Lagerhäusern, 1938
Fotografie von *August Sander*

Die zerstörte Hohenzollernbrücke, 1945
Fotografie von *August Sander*

Rheinauhafen, 1952
Fotografie von *Peter Fischer*

Der Rheinauhafen als Sporthafen, 1971
Fotografie von *A. Koch*

Der Rheinauhafen aus der Vogelperspektive, 1956
Fotografie von *Paul Sprenger*, Freigabevermerk: 766/55

Luftaufnahme vom Rheinauhafen, 1992
Der Bau der Severinsbrücke hat den optischen Zusammenhang des Rheinauhafens stark verändert.

DER RHEINAUHAFEN 2000
FOTOS: CLAUDIA KROTH

»Der Tauzieher«
Plastik von *Nikolaus Friedrich* aus dem Jahre 1911

Hafeneinfahrt mit Schokoladenmuseum,
von der Deutzer Brücke aus gesehen, dahinter Zollhalle I

Malakoffturm

Blick von Süden auf die Hafeneinfahrt, rechts das Schokoladenmuseum

Die ehemaligen Zollhallen II und III

Die ehemalige Zollhalle III

Toilettenhäuschen

Die ehemalige Zollhalle II

Schokoladenmuseum

Sport- und Olympiamuseum, ehemals Zollhalle I

Werkstattgebäude

Lagergebäude der Firma Neska

Die ehemalige Zollhalle III mit seitlichem Anbau

Die ehemaligen Zollhallen II und III

Toilettenhäuschen

Lagergebäude der Firma Neska

Kran am Rheinkai,
3 Tonnen Tragkraft

An der Holzwerft

Blick von der Hansawerft nach Süden

Die ehemalige Zollhalle II mit seitlichem Anbau

Die ehemalige Zollhalle II

Greiferkran mit festem Ausleger,
6 Tonnen Tragkraft

Hakenkran mit festem Ausleger,
3 Tonnen Tragkraft

Haus Carboniere, der ehemalige Sitz der Wasserschutzpolizei

Hafenamt

Der restaurierte Bayenturm

Greiferkran mit festem Ausleger,
6 Tonnen Tragkraft

Der Schwerlastkran »Herkules«,
seit den 1980er Jahren unter Denkmalschutz gestellt.

Agrippawerft mit Wippkran

Agrippawerft vom Deutzer Ufer aus

EIN BLICK IN DIE ZUKUNFT

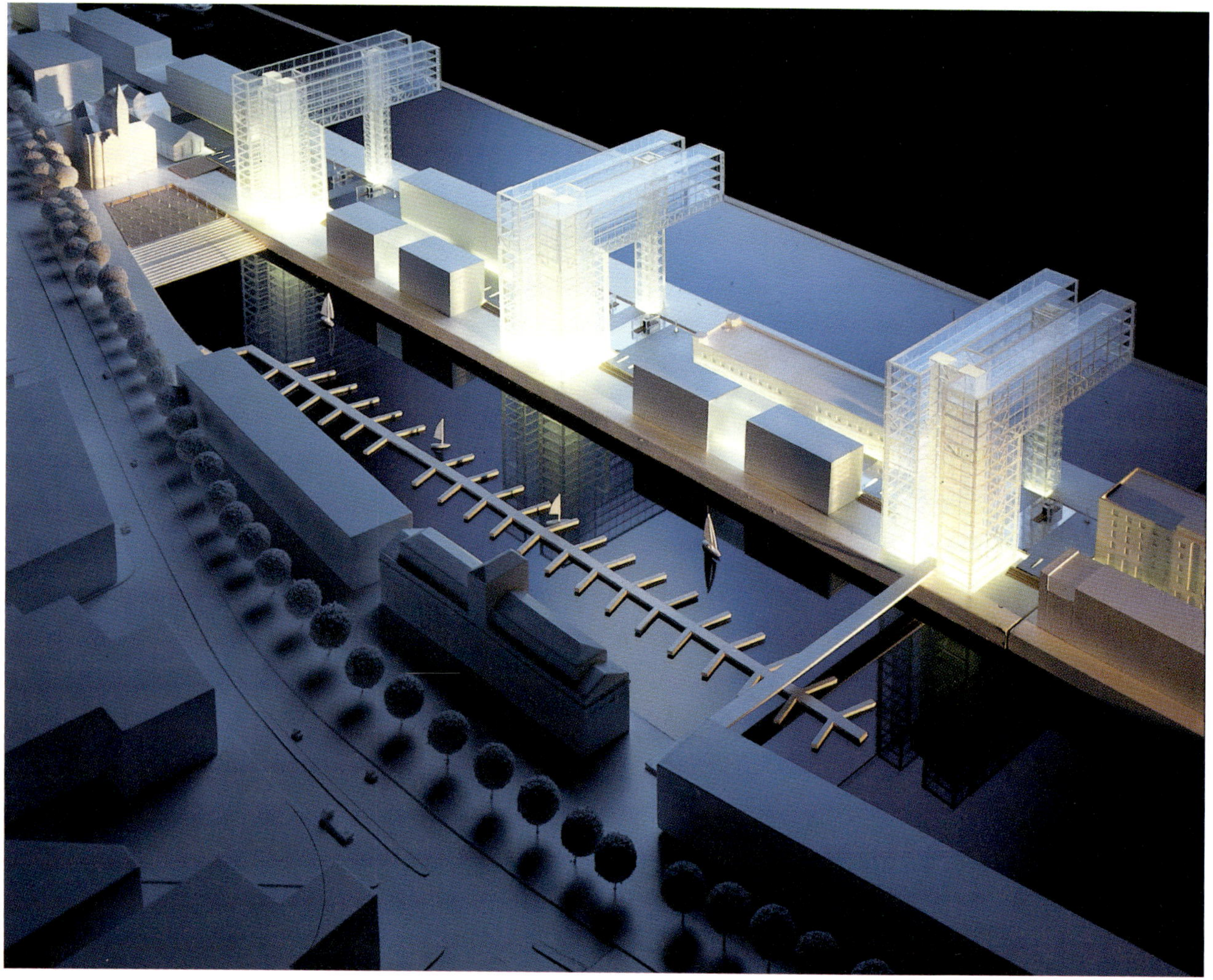

Die Kranhäuser – markantes Merkmal der zukünftigen Rheinfront
Modell: BRT Architekten. Fotografie von *Christoph Gebler*

Die Neugestaltung der Hafenanlage im Modell
Modell: BRT Architekten. Fotografie von *Christoph Gebler*

Panorama der Zukunft – Skyline von Köln mit erleuchteten Kranhäusern
Computersimulation des Büros BRT Architekten

ÜBER DIE AUTORIN

Claudia Kroth, 1946 in Andernach geboren, studierte an der Akademie der Bildenden Künste München und arbeitet als freie Malerin und Fotografin in Köln; ausgiebige Reisen durch China, Tibet, Sibirien und die Mongolei. Ihre Fotografien vom Rheinauhafen wurden prämiert.

BILDNACHWEIS

Archiv der Häfen und Güterverkehr Köln AG: Seite 40, 48, 51-52, 56-60, 62-64, 66, 71, 74-75, 78-79, 86, 89

BRT Architekten (BDA), Bothe-Richter-Teherani: Seite 126-127

Christoph Gebler: Seite 124-125

Historisches Archiv der Stadt Köln: Seite 53, 72, 87-88

Alfred Koch: Seite 87

Claudia Kroth: Seite 92-121

Rheinisches Bildarchiv der Stadt Köln: Seite 22-39, 41-47, 49-50, 54-55, 61, 65, 67-70, 73, 76-77, 80-85

LITERATUR

Berg, Joachim: *Häfen in Köln. 100 Jahre Rheinauhafen.* Häfen und Güterverkehr Köln AG, Köln 1998

Causemann, A.: »Vom römischen Versorgungshafen zum internationalen Handelshafen«; in: *125 Jahre Kölner Bezirksverein 1861–1986*. Köln 1986

Comité zur Förderung der Kölner Lagerhaus-, Kai- und Hafenfrage (Hrsg.): *Denkschrift betreffend die Kölner Hafenfrage.* M. Dumont-Schauberg, Köln 1884

Dietmar, Carl/ Werner Jung: *Kleine illustrierte Geschichte der Stadt Köln.* J. P. Bachem Verlag, Köln 2001

Grefe, Uta: *Köln in frühen Photographien 1847–1914.* Schirmer/Mosel, München 1988

Krings, Ulrich: »Der Rheinauhafen«, in: *Stadtspuren* (Band 9/II): *Köln: 85 Jahre Denkmalschutz und Denkmalpflege 1912–1997.* J. P. Bachem Verlag, Köln 1998

Sander, August: *Köln wie es war.* Werkausgabe. Kölnisches Stadtmuseum, Köln 1995

Schwering, Max Leo: *Köln,* 1850–1920. C. J. Bucher Verlag, München 1999